In diesem Heft findest du Regeln, mit denen du selbst herausfinden kannst, welche Wörter man großschreiben muss.
Das kannst du hier üben.

Alle Nomen schreibt man groß.

Einige Wortarten können sich in Nomen verwandeln. Dann schreibt man sie natürlich auch groß.

Am Satzanfang schreibt man immer groß.

Auch bei unvollständigen Sätzen schreibt man am Anfang groß.

1

> **Alle Nomen schreibt man groß.**
>
> Es gibt **konkrete** und **abstrakte** Nomen.
>
> Wörter für **Menschen, Tiere, Pflanzen** und **Dinge** sind **konkrete Nomen**.
>
> Viele davon kann man sehen oder anfassen.

Male die Nomen richtig an:

Menschen rot, **Tiere braun**, **Pflanzen grün**, **Dinge gelb**.
Schreibe zu allen Nomen den richtigen Artikel.

_____ Futtermais	_____ Trainer	_____ Gummiband	_____ Qualle
_____ Bergziege	_____ Taschenlampe	_____ Vogelspinne	_____ Luftpumpe
_____ Telefon	_____ Großeltern	_____ Entenküken	_____ Moos
_____ Busfahrerin	_____ Pfirsich	_____ Weintraube	_____ Nachbar

> Wörter für **Gedanken, Gefühle** oder **Wünsche** sind **abstrakte Nomen**.
> Man kann sie **haben** oder **fühlen** oder sie sich **vorstellen**.
> Viele davon kann man hören, riechen oder schmecken.

1 Im Wörterkasten sind zehn abstrakte Nomen versteckt.

Trenne alle Wörter ab.

2 Male die **konkreten Nomen** mit den Farben von Seite 2 an.

W U T I G E L S C H R A N K E F R E U D E K R A F T R A D I O
R U H E K L A V I E R K Ä L T E S T I E F E L G E R Ä U S C H D U F T
P I L Z G E F A H R R U D E R F U C H S F R E I H E I T T R A U M

3 Schreibe die **abstrakten Nomen** mit ihrem Artikel hier auf.

Die meisten Nomen können in der **Einzahl** und in der **Mehrzahl** stehen.

1 Unterstreiche alle Nomen in der **Einzahl rot** und in der **Mehrzahl blau**.

Die frühesten Menschen jagten oder sammelten ihre Nahrung. Die Jäger erlegten Tiere, die Sammler ernährten sich von Wurzeln, Beeren, Früchten und anderen Pflanzenteilen. Sie lebten in Höhlen oder Zelten. Aus Tierfell stellten sie ihre Kleidung her. Sie hatten auch schon Werkzeug, das meistens aus Feuerstein bestand. Damit konnten sie auch Feuer machen.

2 Schreibe zu allen Nomen in der Mehrzahl die Einzahl dazu!

die Menschen – der Mensch,

Manche Nomen haben nur eine Einzahl, aber keine Mehrzahl.

1 Unterstreiche im Text alle Nomen. Die Namen kannst du weglassen.

Marina und Lea haben eingekauft. Auf ihrer Liste standen Milch, Butter, Brot, Wurst und Saft. Sie überlegen gerade, ob sie noch Obst mitnehmen sollen. „Ich glaube, es war nur noch ein Apfel übrig", sagt Marina.

2 Schreibe alle Nomen richtig in die Tabelle.

Einzahl	Mehrzahl	Es gibt keine Mehrzahl.
die Liste	die Listen	◯
		◯
		◯
		◯
		◯
		◯
		◯
		◯

> Manche Nomen haben nur eine Mehrzahl, aber keine Einzahl.

1 Unterstreiche im Text die 9 Nomen, die in der Mehrzahl stehen.

Ralf wird mit seinen Eltern und Geschwistern in die Alpen fahren. Er freut sich sehr darauf. Denn in einem italienischen Restaurant schmecken ihm Spaghetti und Tortellini am besten.

Sein Papa sagt, in den Skiurlaub wollen immer viele Leute fahren, daher sind die Kosten hoch.

Hoffentlich wird Ralf nicht wieder krank. Letztes Mal hatte er in den Ferien die Windpocken.

2 Alle diese Nomen haben keine Einzahl.
Schreibe sie mit Artikel auf.

die

Alle Nomen können einen **Artikel** haben: **der – die – das**.
Man nennt ihn **bestimmter Artikel**.

Dem, den und des sind veränderte Artikel.

Schreibe zu jedem Nomen den bestimmten Artikel.

| der | die | das | dem | den | des |

_____ Blut wird von deinem Herzen durch _____ ganzen Körper gepumpt. Es strömt durch _____ Adern bis in _____ kleinsten Blutgefäße. _____ Rhythmus kannst du an deinem Herzschlag fühlen. Das ist _____ Puls. _____ Innenseite _____ Handgelenks oder _____ Seite _____ Halses unter _____ Ohr sind die Plätze, an denen du ihn am besten fühlen kannst. Wenn _____ Körper sich anstrengt, wie zum Beispiel beim Sport, muss _____ Herz schneller schlagen und _____ Muskeln mehr Sauerstoff zuführen. _____ Sauerstoff für _____ Blut kommt aus _____ Lunge.

Nomen können auch **unbestimmte Artikel** haben: **ein – eine**.

Einen, eines und einem sind veränderte Artikel.

Setze im Text den passenden unbestimmten Artikel ein.

| ein | eine | einen | eines |

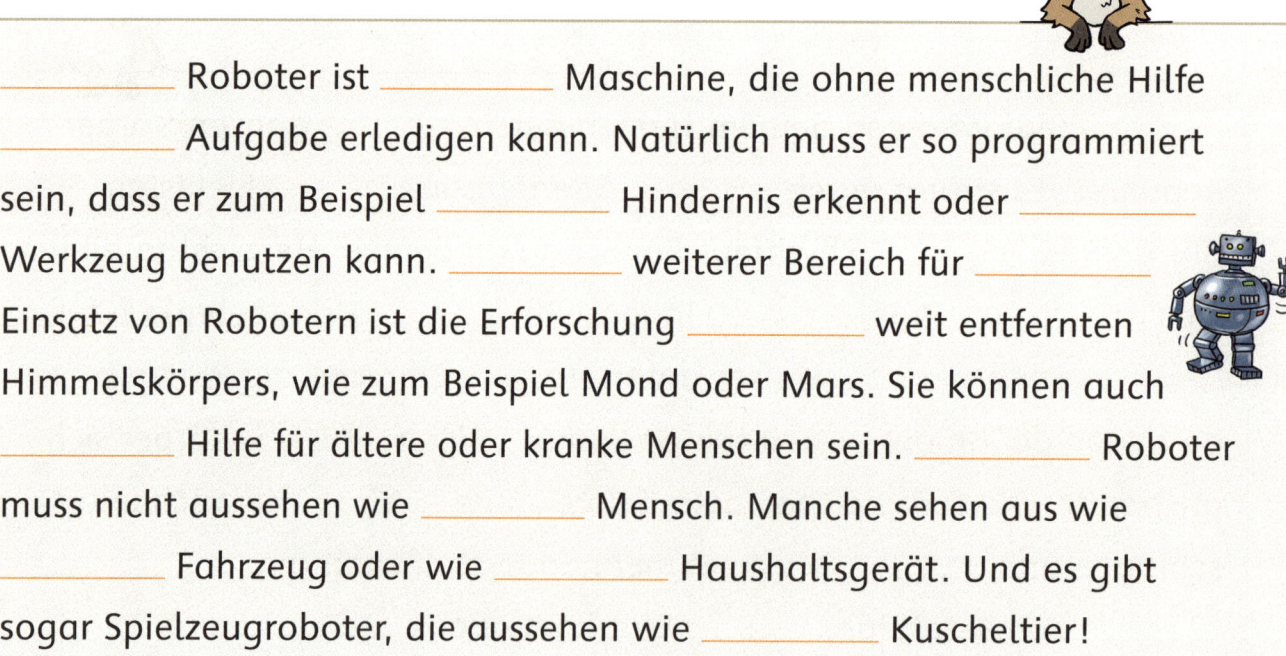

_____ Roboter ist _____ Maschine, die ohne menschliche Hilfe _____ Aufgabe erledigen kann. Natürlich muss er so programmiert sein, dass er zum Beispiel _____ Hindernis erkennt oder _____ Werkzeug benutzen kann. _____ weiterer Bereich für _____ Einsatz von Robotern ist die Erforschung _____ weit entfernten Himmelskörpers, wie zum Beispiel Mond oder Mars. Sie können auch _____ Hilfe für ältere oder kranke Menschen sein. _____ Roboter muss nicht aussehen wie _____ Mensch. Manche sehen aus wie _____ Fahrzeug oder wie _____ Haushaltsgerät. Und es gibt sogar Spielzeugroboter, die aussehen wie _____ Kuscheltier!

Ist es ein Nomen?
Kreise auf jeder Zeile die Nomen ein.

TIER	SCHNELL	WÄHREND	BRIEF	HITZE
FREUND	QUADRAT	KANN	FLUSS	BEVOR
SCHIEF	RUHE	DONNER	BISSCHEN	VATER
PIZZA	METEOR	WEIZEN	KLEIN	OFEN
MEHR	MEER	GANS	GANZ	TROMPETE
PARK	TRÄNE	TRAF	PACKT	RICHTIG
KEIN	KNIE	ZORNIG	FRÜH	ZOPF
GEFÄLLT	GEFAHR	GELD	BEIFALL	SCHRECK

Kreise in jedem Satz alle Nomen ein
und schreibe den Satz noch einmal richtig.

Im wald findet man mit etwas glück pilze, nüsse und tannenzapfen im moos.

_____

_____

Die tiere verstecken sich am tag, darum kann der spaziergänger sie nicht sehen.

_____

_____

Viele vögel rufen und zwitschern aber mit lauter stimme und singen ihre lieder.

_____

_____

Mit ihren kurzen flügeln können die waldvögel gut zwischen den bäumen fliegen.

_____

_____

Viel Spaß!

Übertrage die linke Hälfte der Figur auf die andere.
Verwende dazu ein Lineal. Male die Figur dann aus.

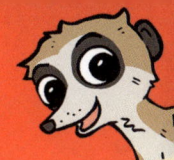

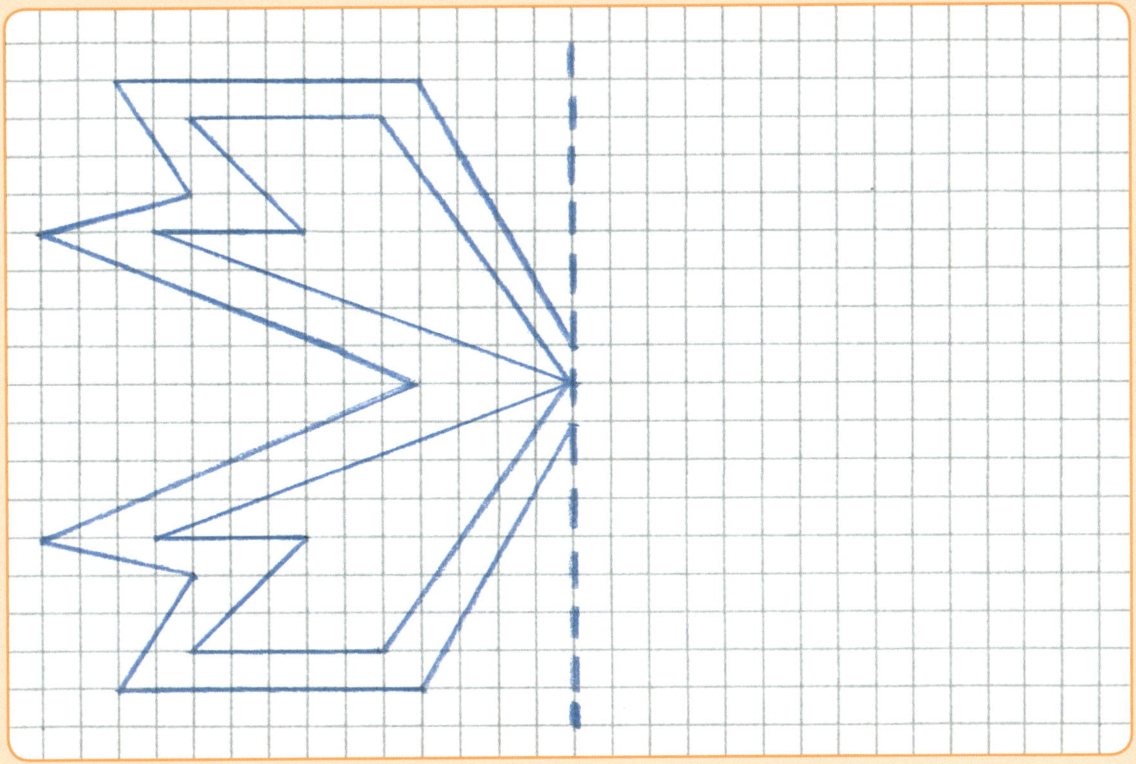

Manche Nomen kann man an ihrer Endsilbe erkennen.
Wenn ein Wort mit **-heit** oder **-keit** endet, schreibt man es immer groß.

Trenne die Wörter in der Schlange. Bilde aus jedem Wort ein Nomen und trage es richtig in die Tabelle ein.

FREIBELIEBTSAUBERGESUNDÄHNLICHFLÜSSIGFRECHTRAURIG

-heit	-keit
die	

Alle diese Wörter haben immer denselben Artikel: _____

Wörter, die mit **-ung** enden, schreibt man immer groß.

Bilde aus diesen Verben Nomen mit der Endung **-ung**.

verletzen <u>die</u> _____

entfernen _____

zeichnen _____

ändern _____

beobachten _____

erklären _____

landen _____

verpacken _____

bedeuten _____

erkälten _____

erzählen _____

erwarten _____

Auch diese Wörter haben immer den Artikel: _____

Einige Wörter mit der Endung **-ung** sind aus Adjektiven entstanden.
Um sie zu bilden, benutzt man die **Vergleichsstufe** und die Vorsilbe **Ver-**.

Beispiel: Grundstufe: **fein**   Vergleichsstufe: **feiner**   Nomen: **Verfeinerung**

Bilde die Wörter wie im Beispiel.
Male die Vorsilbe und die Endung an.

Grundstufe	Vergleichsstufe	Nomen
groß		
lang		
schön		
schlecht		
klein		
gut		

Wörter mit der Endung **-nis** sind Nomen und werden großgeschrieben.

1 Verbinde die Sätze mit dem richtigen Ende. Male **-nis** an.

Etwas, das du nicht verraten willst, ist ein	Gedächtnis.
Am Ende einer Aufgabe kennst du das	Geständnis.
Etwas, das dir im Weg steht, ist ein	Geheimnis.
Um dir etwas zu merken, brauchst du ein gutes	Hindernis.
Wenn jemand etwas zugegeben hat, war das ein	Ergebnis.

2 Setze diese Wörter mit der Endung **-nis** in die Mehrzahl.
Achte darauf, sie mit **ss** zu schreiben!

das Zeugnis *die Zeugnisse*   das Gefängnis _____

das Ereignis _____   das Begräbnis _____

das Erlebnis _____   das Gedächtnis _____

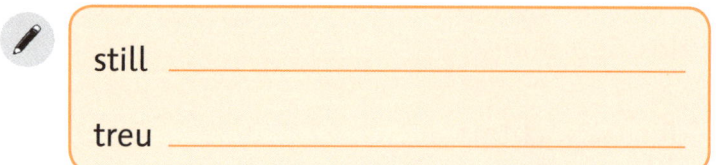

Aus Adjektiven kann man auch mit der Endung **-e** Nomen bilden.

1 Bilde zu jedem Adjektiv das passende Nomen. Was fällt dir dabei auf?

kalt   die _____

nah _____

hart _____

stark _____

groß _____

lang _____

warm _____

hohl _____

Mir ist aufgefallen, dass _____

2 Bilde wieder Nomen. Bei diesen Wörtern passiert nicht dasselbe wie in Aufgabe 1.

still _____

treu _____

tief _____

lieb _____

> Nomen können aus zwei oder mehreren Wörtern zusammengesetzt sein.

1 Bilde zusammengesetzte Nomen und schreibe sie auf die Linien.

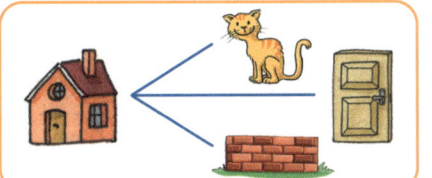 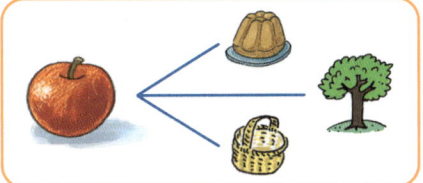 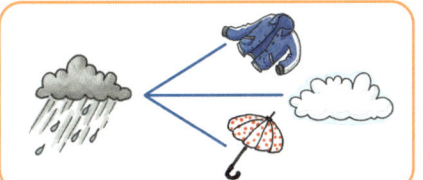

_____   _____   _____

_____   _____   _____

_____   _____   _____

2 Bilde auch aus diesen Wörtern zusammengesetzte Nomen.

das Bett + die Decke	das Brot + das Messer	der Tisch + das Bein
das Auto + der Sitz	der Schnee + der Ball	der Sport + die Halle

17

1 Ordne diese zusammengesetzten Nomen nach Wortfamilien.
Male alle Wörter einer Wortfamilie mit derselben Farbe an.

Fahrplan	Zahnspange	Backrezept	Fahrlehrer	Backzeit
Backofen	Fahrrad	Zahnschmerzen	Backzutaten	Zahnarzt
Backschüssel	Zahnbürste	Zahnpasta	Fahrkarte	Fahrstuhl

2 Schreibe die Wörter geordnet auf.

Fahr: der _____

_____

Back: _____

_____

Zahn: _____

_____

Manchmal steckt bei zusammengesetzten Nomen noch ein Buchstabe zwischen den beiden Teilen. Am häufigsten ist es ein **s**.

Male das Verbindungs-**s** wie im Beispiel an und schreibe beide Wörter auf die Linie.

die Wohnungstür: die Wohnung, die Tür

das Geburtstagsgeschenk: _____

der Unterrichtsplan: _____

die Königstochter: _____

das Urlaubsziel: _____

die Mittagszeit: _____

die Friedenspfeife: _____

das Führungstor: _____

der Liebesbrief: _____

die Kuckucksuhr: _____

Die Wörter **mal** und **Mal** klingen gleich, werden aber verschieden geschrieben.

Man schreibt **mal** klein, wenn es mit einem anderen Wort verbunden ist.
Oft ist das ein Zahlwort. Beispiele: **zweimal, achtmal, keinmal, wievielmal**.

Auch hier schreibt man **mal** klein: **auf einmal, noch einmal, manchmal, diesmal**.

1 Setze passende Wörter ein. Verwende die Zahlen 1, 3 und 10.

Weihnachten ist jedes Jahr nur _____.

Der Zauberspruch heißt: Hokus Pokus fidibus, _____ schwarzer Kater!

Mit einer Zehnerkarte kann man _____ Bus fahren.

2 Ergänze die Sätze. Verwende die vier letzten Beispiele aus dem roten Kasten.

Robin lag schon im Bett. _____ klopfte es an der Tür.

Anja ist bei der Prüfung aufgeregt. _____ schafft sie es bestimmt.

Tims erster Sprung war nicht weit. Er will es _____ versuchen.

> Man schreibt **Mal** groß, wenn es wie ein Nomen verwendet wird.
> Oft kann man es am Artikel erkennen.
> Beispiele: **das erste Mal, zum letzten Mal, jedes Mal, viele Male**.

Finde für jeden Satz eine passende Ergänzung.

voriges Mal, zum letzten Mal, jedes Mal, einige Male, das erste Mal, beim nächsten Mal

Fatima hat ihre AG-Gruppe gewechselt. Gestern ist sie

_____ in die neue Gruppe gegangen.

Benni ist heute wirklich gut gesprungen.

_____ hatte es nicht so gut geklappt.

Miriam hat schon _____ ihre Ballettschuhe vergessen.

_____ darf sie nicht mitmachen.

Die Lehrerin hat uns heute _____

an den Test erinnert. Jetzt sollte es wirklich jeder wissen.

Katja mag David sehr gerne. Sie will _____ neben ihm sitzen.

Viel Spaß!

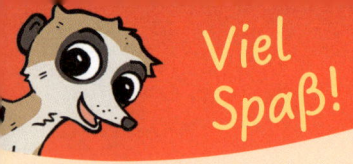

Finde die Lösungen heraus. Alle diese Wörter haben ein **ä**.

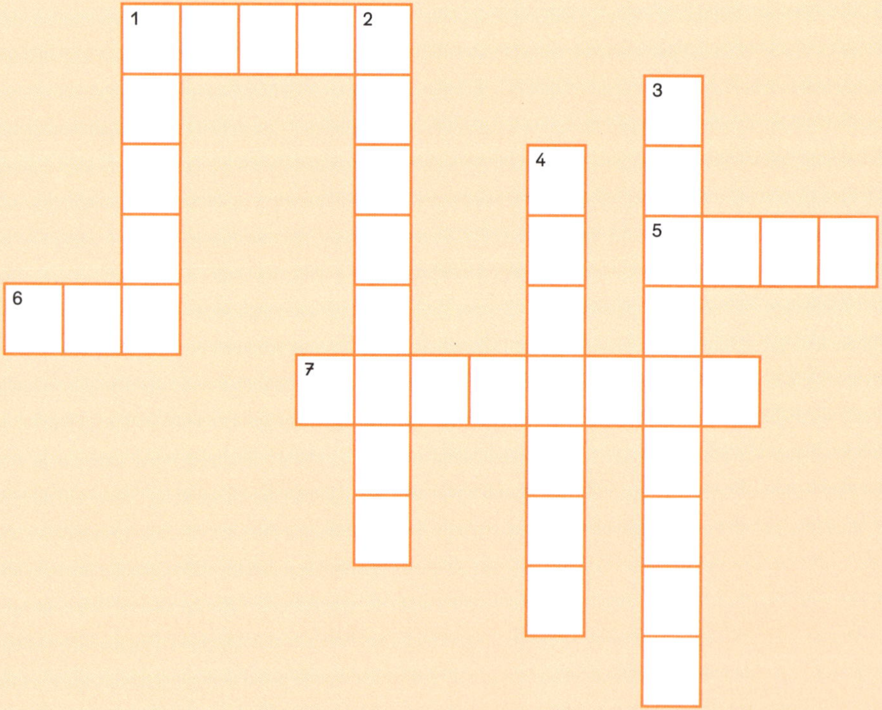

Waagerecht

1. darin wohnt dein Hamster oder Vogel
5. der dritte Monat im Jahr
6. großes Waldtier, das in Höhlen lebt
7. das kommt mit der Post

Senkrecht

1. kleines krabbelndes Insekt
2. ein Laden, in dem wir einkaufen
3. Zeit zwischen Nacht und Tag
4. eine Geschichte für Kinder

Card 1 (page 2)

> **Alle Nomen schreibt man groß.**
> Es gibt **konkrete** und **abstrakte** Nomen.
> Wörter für **Menschen, Tiere, Pflanzen** und **Dinge** sind **konkrete Nomen.**
> Viele davon kann man sehen oder anfassen.

Male die Nomen richtig an:
Menschen rot, Tiere braun, Pflanzen grün, Dinge gelb.

✓ Schreibe zu allen Nomen den richtigen Artikel.

der Futtermais	der Trainer	das Gummiband	die Qualle
die Bergziege	die Taschenlampe	die Vogelspinne	die Luftpumpe
das Telefon	die Großeltern	das Entenküken	das Moos
die Busfahrerin	der Pfirsich	die Weintraube	der Nachbar

2

Card 2 (page 3)

> Wörter für **Gedanken, Gefühle** oder **Wünsche** sind **abstrakte Nomen**.
> Man kann sie **haben** oder **fühlen** oder sich **vorstellen**.
> Viele davon kann man hören, riechen oder schmecken.

1 Im Wörterkasten sind zehn abstrakte Nomen versteckt.

Trenne alle Wörter ab.

2 Male die **konkreten Nomen** mit den Farben von Seite 2 an.

W U T I G E L S C H R A N K E F R E U D E K R A F T R A D I O
R U H E K L A V I E R K Ä L T E S T I E F E L G E R Ä U S C H D U F T
P I L Z G E F A H R R U D E R F U C H S F R E I H E I T T R A U M

3 Schreibe die **abstrakten Nomen** mit ihrem Artikel hier auf.

die Wut, die Freude, die Kraft,
die Ruhe, die Kälte, das Geräusch, der Duft,
die Gefahr, die Freiheit, der Traum

3

Card 3 (page 4)

> Die meisten Nomen können in der **Einzahl** und in der **Mehrzahl** stehen.

1 Unterstreiche alle Nomen in der Einzahl rot und in der Mehrzahl blau.

> Die frühesten Menschen jagten oder sammelten ihre Nahrung. Die Jäger erlegten Tiere, die Sammler ernährten sich von Wurzeln, Beeren, Früchten und anderen Pflanzenteilen. Sie lebten in Höhlen oder Zelten. Aus Tierfell stellten sie ihre Kleidung her. Sie hatten auch schon Werkzeug, das meistens aus Feuerstein bestand. Damit konnten sie auch Feuer machen.

2 Schreibe zu allen Nomen in der Mehrzahl die Einzahl dazu!

die Menschen – der Mensch, die Jäger – der Jäger,
die Tiere – das Tier, die Sammler – der Sammler,
die Wurzeln – die Wurzel, die Beeren – die Beere, die
Früchte – die Frucht, die Pflanzenteile – der Pflanzenteil,
die Höhlen – die Höhle, die Zelte – das Zelt

4

Card 4 (page 5)

> Manche Nomen haben nur eine Einzahl, aber keine Mehrzahl.

1 Unterstreiche im Text alle Nomen. Die Namen kannst du weglassen.

> Marina und Lea haben eingekauft. Auf ihrer Liste standen Milch, Butter, Brot, Wurst und Saft. Sie überlegen gerade, ob sie noch Obst mitnehmen sollen. „Ich glaube, es war nur noch ein Apfel übrig", sagt Marina.

2 Schreibe alle Nomen richtig in die Tabelle.

Einzahl	Mehrzahl	Es gibt keine Mehrzahl.
die Liste	die Listen	○
die Milch		✗
die Butter		✗
das Brot	die Brote	○
die Wurst	die Würste	○
der Saft	die Säfte	○
das Obst		✗
der Apfel	die Äpfel	○

5

23

Manche Nomen haben nur eine Mehrzahl, aber keine Einzahl.

1 Unterstreiche im Text die 9 Nomen, die in der Mehrzahl stehen.

Ralf wird mit seinen <u>Eltern</u> und <u>Geschwistern</u> in die <u>Alpen</u> fahren. Er freut sich sehr darauf. Denn in einem italienischen Restaurant schmecken ihm <u>Spaghetti</u> und <u>Tortellini</u> am besten.
Sein Papa sagt, in den Skiurlaub wollen immer viele <u>Leute</u> fahren, daher sind die <u>Kosten</u> hoch.
Hoffentlich wird Ralf nicht wieder krank. Letztes Mal hatte er in den <u>Ferien</u> die <u>Windpocken</u>.

2 Alle diese Nomen haben keine Einzahl.
Schreibe sie mit Artikel auf.

die Eltern, die Geschwister, die Alpen, die Spaghetti,
die Tortellini, die Leute, die Kosten, die Ferien,
die Windpocken

6

Alle Nomen können einen **Artikel** haben: **der – die – das**.
Man nennt ihn **bestimmter Artikel**.

Dem, den und des sind veränderte Artikel.

Schreibe zu jedem Nomen den bestimmten Artikel.

| der | die | das | dem | den | des |

__Das__ Blut wird von deinem Herzen durch __den__ ganzen Körper gepumpt. Es strömt durch __die__ Adern bis in __die__ kleinsten Blutgefäße. __Den__ Rhythmus kannst du an deinem Herzschlag fühlen. Das ist __der__ Puls. __Die__ Innenseite __des__ Handgelenks oder __die__ Seite __des__ Halses unter __dem__ Ohr sind die Plätze, an denen du ihn am besten fühlen kannst. Wenn __der__ Körper sich anstrengt, wie zum Beispiel beim Sport, muss __das__ Herz schneller schlagen und __den__ Muskeln mehr Sauerstoff zuführen. __Der__ Sauerstoff für __das__ Blut kommt aus __der__ Lunge.

7

Nomen können auch **unbestimmte Artikel** haben: **ein – eine**.

Einen, eines und einem sind veränderte Artikel.

Setze im Text den passenden unbestimmten Artikel ein.

| ein | eine | einen | eines |

__Ein__ Roboter ist __eine__ Maschine, die ohne menschliche Hilfe __eine__ Aufgabe erledigen kann. Natürlich muss er so programmiert sein, dass er zum Beispiel __ein__ Hindernis erkennt oder __ein__ Werkzeug benutzen kann. __Ein__ weiterer Bereich für __einen__ Einsatz von Robotern ist die Erforschung __eines__ weit entfernten Himmelskörpers, wie zum Beispiel Mond oder Mars. Sie können auch __eine__ Hilfe für ältere oder kranke Menschen sein. __Ein__ Roboter muss nicht aussehen wie __ein__ Mensch. Manche sehen aus wie __ein__ Fahrzeug oder wie __ein__ Haushaltsgerät. Und es gibt sogar Spielzeugroboter, die aussehen wie __ein__ Kuscheltier!

8

Ist es ein Nomen?
Kreise auf jeder Zeile die Nomen ein.

(TIER)	SCHNELL	WÄHREND	(BRIEF)	(HITZE)
(FREUND)	(QUADRAT)	KANN	(FLUSS)	BEVOR
SCHIEF	(RUHE)	(DONNER)	BISSCHEN	(VATER)
(PIZZA)	(METEOR)	(WEIZEN)	KLEIN	(OFEN)
MEHR	(MEER)	(GANS)	GANZ	(TROMPETE)
(PARK)	(TRÄNE)	TRAF	PACKT	RICHTIG
KEIN	(KNIE)	ZORNIG	FRÜH	(ZOPF)
GEFÄLLT	(GEFAHR)	(GELD)	(BEIFALL)	(SCHRECK)

9

Panel 10 — Nomen erkennen

Kreise in jedem Satz alle Nomen ein und schreibe den Satz noch einmal richtig.

Im [wald] findet man mit etwas [glück] [pilze] [nüsse] und [tannenzapfen] im [moos].

Im Wald findet man mit etwas Glück Pilze, Nüsse und Tannenzapfen im Moos.

Die [tiere] verstecken sich am [tag], darum kann der [spaziergänger] sie nicht sehen.

Die Tiere verstecken sich am Tag, darum kann der Spaziergänger sie nicht sehen.

Viele [vögel] rufen und zwitschern aber mit lauter [stimme] und singen ihre [lieder].

Viele Vögel rufen und zwitschern aber mit lauter Stimme und singen ihre Lieder.

Mit ihren kurzen [flügeln] können die [waldvögel] gut zwischen den [bäumen] fliegen.

Mit ihren kurzen Flügeln können die Waldvögel gut zwischen den Bäumen fliegen.

10

Panel 11

Übertrage die linke Hälfte der Figur auf die andere. Verwende dazu ein Lineal. Male die Figur dann aus.

Viel Spaß!

11

Panel 12 — Nomen mit -heit und -keit

Manche Nomen kann man an ihrer Endsilbe erkennen.
Wenn ein Wort mit **-heit** oder **-keit** endet, schreibt man es immer groß.

Trenne die Wörter in der Schlange. Bilde aus jedem Wort ein Nomen und trage es richtig in die Tabelle ein.

FREIBELIEBTSAUBERGESUNDÄHNLICHFLÜSSIGFRECHTRAURIG

-heit	-keit
die Freiheit	die Sauberkeit
die Beliebtheit	die Ähnlichkeit
die Gesundheit	die Flüssigkeit
die Frechheit	die Traurigkeit

Alle diese Wörter haben immer denselben Artikel: **die**

12

Panel 13 — Nomen mit -ung

Wörter, die mit **-ung** enden, schreibt man immer groß.

Bilde aus diesen Verben Nomen mit der Endung **-ung**.

verletzen die Verletzung   landen die Landung

entfernen die Entfernung   verpacken die Verpackung

zeichnen die Zeichnung   bedeuten die Bedeutung

ändern die Änderung   erkälten die Erkältung

beobachten die Beobachtung   erzählen die Erzählung

erklären die Erklärung   erwarten die Erwartung

Auch diese Wörter haben immer den Artikel: **die**

13

Einige Wörter mit der Endung **-ung** sind aus Adjektiven entstanden.
Um sie zu bilden, benutzt man die **Vergleichsstufe** und die Vorsilbe **Ver-**.

Beispiel: Grundstufe: **fein**   Vergleichsstufe: **feiner**   Nomen: **Verfeinerung**

Bilde die Wörter wie im Beispiel.
Male die Vorsilbe und die Endung an.

Grundstufe	Vergleichsstufe	Nomen
groß	größer	Vergrößerung
lang	länger	Verlängerung
schön	schöner	Verschönerung
schlecht	schlechter	Verschlechterung
klein	kleiner	Verkleinerung
gut	besser	Verbesserung

14

Wörter mit der Endung **-nis** sind Nomen und werden großgeschrieben.

1 Verbinde die Sätze mit dem richtigen Ende. Male **-nis** an.

Etwas, das du nicht verraten willst, ist ein — Geheimnis.
Am Ende einer Aufgabe kennst du das — Ergebnis.
Etwas, das dir im Weg steht, ist ein — Hindernis.
Um dir etwas zu merken, brauchst du ein gutes — Gedächtnis.
Wenn jemand etwas zugegeben hat, war das ein — Geständnis.

2 Setze diese Wörter mit der Endung **-nis** in die Mehrzahl.
Achte darauf, sie mit **ss** zu schreiben!

das Zeugnis die Zeug nis se   das Gefängnis die Ge fäng nis se
das Ereignis die Er eig nis se   das Begräbnis die Be gräb nis se
das Erlebnis die Er leb nis se   das Gedächtnis die Ge dächt nis se

15

Aus Adjektiven kann man auch mit der Endung **-e** Nomen bilden.

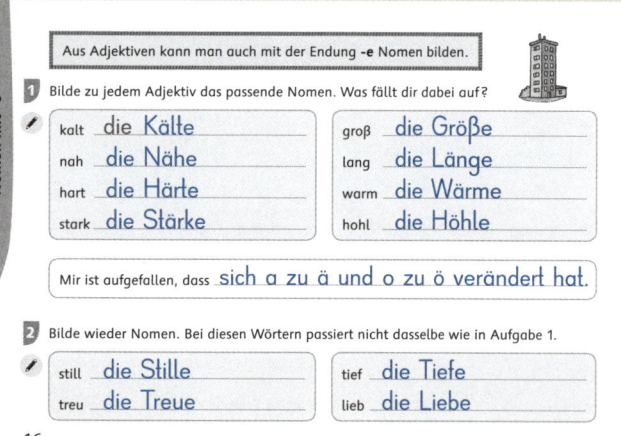

1 Bilde zu jedem Adjektiv das passende Nomen. Was fällt dir dabei auf?

kalt die Kälte   groß die Größe
nah die Nähe   lang die Länge
hart die Härte   warm die Wärme
stark die Stärke   hohl die Höhle

Mir ist aufgefallen, dass sich a zu ä und o zu ö verändert hat.

2 Bilde wieder Nomen. Bei diesen Wörtern passiert nicht dasselbe wie in Aufgabe 1.

still die Stille   tief die Tiefe
treu die Treue   lieb die Liebe

16

Nomen können aus zwei oder mehreren Wörtern zusammengesetzt sein.

1 Bilde zusammengesetzte Nomen und schreibe sie auf die Linien.

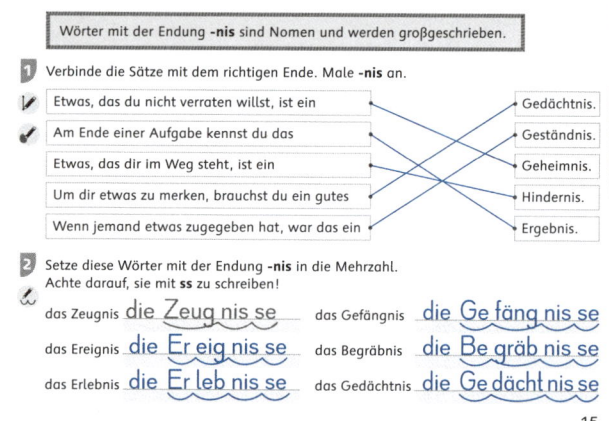

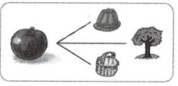

die Hauskatze   der Apfelkuchen   die Regenjacke
die Haustür   der Apfelbaum   die Regenwolke
die Hausmauer   der Apfelkorb   der Regenschirm

2 Bilde auch aus diesen Wörtern zusammengesetzte Nomen.

das Bett + die Decke
die Bettdecke
das Auto + der Sitz
der Autositz

das Brot + das Messer
das Brotmesser
der Schnee + der Ball
der Schneeball

der Tisch + das Bein
das Tischbein
der Sport + die Halle
die Sporthalle

17

---

1 Ordne diese zusammengesetzten Nomen nach Wortfamilien.
Male alle Wörter einer Wortfamilie mit derselben Farbe an.

Fahrplan	Zahnspange	Backrezept	Fahrlehrer	Backzeit
Backofen	Fahrrad	Zahnschmerzen	Backzutaten	Zahnarzt
Backschüssel	Zahnbürste	Zahnpasta	Fahrkarte	Fahrstuhl

2 Schreibe die Wörter geordnet auf.

Fahr: der Fahrplan, der Fahrlehrer, das Fahrrad,
die Fahrkarte, der Fahrstuhl

Back: das Backrezept, die Backzeit, der Backofen,
die Backzutaten, die Backschüssel

Zahn: die Zahnspange, die Zahnschmerzen,
der Zahnarzt, die Zahnbürste, die Zahnpasta

18

Manchmal steckt bei zusammengesetzten Nomen noch ein Buchstabe zwischen den beiden Teilen. Am häufigsten ist es ein **s**.

Male das Verbindungs-**s** wie im Beispiel an und schreibe beide Wörter auf die Linie. die Wohnung**s**tür: die Wohnung, die Tür

das Geburtstag**s**geschenk: der Geburtstag, das Geschenk

der Unterricht**s**plan: der Unterricht, der Plan

die König**s**tochter: der König, die Tochter

das Urlaub**s**ziel: der Urlaub, das Ziel

die Mittag**s**zeit: der Mittag, die Zeit

die Frieden**s**pfeife: der Frieden, die Pfeife

das Führung**s**tor: die Führung, das Tor

der Liebe**s**brief: die Liebe, der Brief

die Kuckuck**s**uhr: der Kuckuck, die Uhr

19

Die Wörter **mal** und **Mal** klingen gleich, werden aber verschieden geschrieben.
Man schreibt **mal** klein, wenn es mit einem anderen Wort verbunden ist.
Oft ist das ein Zahlwort. Beispiel: **zweimal, achtmal, keinmal, wievielmal.**
Auch hier schreibt man **mal** klein: **auf einmal, noch einmal, manchmal, diesmal.**

1 Setze passende Wörter ein. Verwende die Zahlen 1, 3 und 10.

Weihnachten ist jedes Jahr nur einmal.
Der Zauberspruch heißt: Hokus Pokus fidibus, dreimal schwarzer Kater!
Mit einer Zehnerkarte kann man zehnmal Bus fahren.

2 Ergänze die Sätze. Verwende die vier letzten Beispiele aus dem roten Kasten.

Robin lag schon im Bett. Auf einmal klopfte es an der Tür.
Anja ist bei der Prüfung aufgeregt. Diesmal schafft sie es bestimmt.
Tims erster Sprung war nicht weit. Er will es noch einmal versuchen.

20

Man schreibt **Mal** groß, wenn es wie ein Nomen verwendet wird.
Oft kann man es am Artikel erkennen.
Beispiele: **das erste Mal, zum letzten Mal, jedes Mal, viele Male.**

Finde für jeden Satz eine passende Ergänzung.

voriges Mal, zum letzten Mal, jedes Mal, einige Male, das erste Mal, beim nächsten Mal

Fatima hat ihre AG-Gruppe gewechselt. Gestern ist sie
das erste Mal in die neue Gruppe gegangen.

Benni ist heute wirklich gut gesprungen.
Voriges Mal hatte es nicht so gut geklappt.

Miriam hat schon einige Male ihre Ballettschuhe vergessen.
Beim nächsten Mal darf sie nicht mitmachen.

Die Lehrerin hat uns heute zum letzten Mal
an den Test erinnert. Jetzt sollte es wirklich jeder wissen.

Katja mag David sehr gerne. Sie will jedes Mal neben ihm sitzen.

21

27

Seite 22

Viel Spaß!

Finde die Lösungen heraus. Alle diese Wörter haben ein ä.

Kreuzworträtsel-Lösungen: KÄFIG, GESCHÄFT, MÄRCHEN, DÄMMERUNG, BÄR, MÄRZ, PÄCKCHEN

Waagerecht
1. darin wohnt dein Hamster oder Vogel
5. der dritte Monat im Jahr
6. großes Waldtier, das in Höhlen lebt
7. das kommt mit der Post

Senkrecht
1. kleines krabbelndes Insekt
2. ein Laden, in dem wir einkaufen
3. Zeit zwischen Nacht und Tag
4. eine Geschichte für Kinder

Seite 34

Viel Spaß!

Immer vier Kärtchen gehören zusammen. Male sie mit derselben Farbe an.

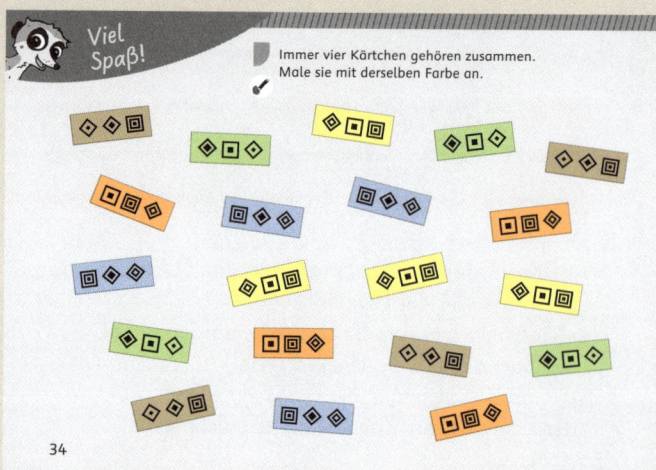

Seite 35 — Verben werden zu Nomen

Aus einem Verb kann ein Nomen werden.

Wir **schwimmen** im Sportunterricht. schwimmen ist ein **Verb**.
Das Schwimmen macht mir Spaß.   schwimmen hat sich in ein **Nomen** verwandelt.
Du erkennst es am Artikel **das**.
Es wird nun **großgeschrieben**.

Verwandle die Verben in Nomen und schreibe sie richtig in die Sätze.
Unterstreiche den großen Anfangsbuchstaben.

Oh, da muss man gut aufpassen!

laufen · baden · putzen · singen · suchen · rechnen

Das **Singen** im Chor finde ich schön.
Das **Laufen** auf dem Sportplatz ist anstrengend.
Das **Baden** in Teichen ist oft nicht erlaubt.
Das **Rechnen** von Sachaufgaben ist manchmal schwer.
Das **Putzen** der Zähne ist sehr wichtig.
Das **Suchen** von Puzzleteilen dauert oft lange.

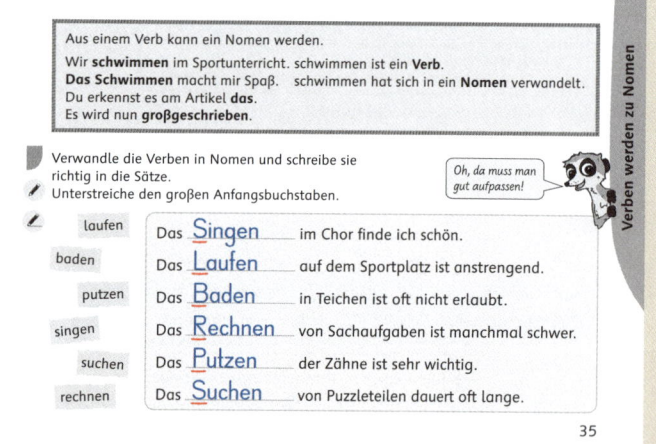

Seite 36 — Verben werden zu Nomen

Der Artikel versteckt sich manchmal in anderen Wörtern:
im, beim, vom oder **zum**.

Du weißt ja, nach einem Artikel musst du auch Verben großschreiben.

Entscheide, ob du die Verben im Text groß- oder kleinschreiben musst. Trage den Anfangsbuchstaben ein. Zur Hilfe findest du die Reihenfolge der Verben unten.

Das **S**katen wollen viele Kinder **l**ernen. Im **D**rehen und **S**pringen sind manche Jugendliche schon echte Meister. Zum **L**ernen verwendet man zunächst ein flaches Board. Darauf übt man, den richtigen Gang einzulegen, um das **S**tehen und **F**ahren auf dem Brett zu **t**rainieren. Beim **S**katen muss man eine Schutzausrüstung **t**ragen. Für das **D**rehen braucht man viel Übung. Damit sollte ein Anfänger noch **w**arten. Vom **B**eobachten der Könner auf Videos bis zum häufigen **Ü**ben gehört vieles dazu, um sich immer weiter zu **v**erbessern.

SKATEN LERNEN DREHEN SPRINGEN LERNEN STEHEN FAHREN TRAINIEREN SKATEN TRAGEN DREHEN WARTEN BEOBACHTEN ÜBEN VERBESSERN

Zwischen dem Artikel und dem verwandelten Verb kann auch noch ein Adjektiv stehen.

Achte auf den großen Anfangsbuchstaben!

Verwandle die Verben und schreibe sie richtig in die passenden Sätze.

Pedro hat für sein Wochentagebuch aufgeschrieben, was er letzte Woche gut fand und was ihm nicht gefallen hat.

Diese Dinge fand er nicht gut: das frühe **Aufstehen** an den Schultagen

aufstehen — aufräumen — weinen — warten

das ewige **Aufräumen** nach dem Spielen

das lange **Warten** an der Kinokasse

das laute **Weinen** seiner kleinen Schwester

Diese Dinge fand er gut: das schnelle **Segeln** bei viel Wind

segeln — singen — lesen — üben

das laute **Singen** der Fans im Stadion

das heimliche **Lesen** abends im Bett

das lange **Üben** neuer Skateboard-Tricks

37

Auch aus einem Adjektiv kann ein Nomen werden.

Das schönste Bild bekam einen Preis.   schönste ist ein **Adjektiv**.

Das Schönste heute war der Besuch von Oma.   schönste hat sich in ein **Nomen** verwandelt.

Du erkennst es am Artikel. Es wird nun **großgeschrieben**.

Unterstreiche in jedem Satz das verwandelte Adjektiv und seinen Artikel.
Schreibe das ursprüngliche Adjektiv dazu.

Das geht genau wie bei den Verben!

Letzte Woche war in unserer Schule ein Sportfest. Alles lief so ab wie letztes Jahr:

<u>Die Kleinsten</u> durften ganz vorne laufen.   klein

<u>Der Schnellste</u> bekam natürlich eine Medaille.   schnell

<u>Das Schwerste</u> war für mich der Weitsprung.   schwer

Aber <u>das Wichtigste</u> war, es trotzdem zu versuchen.   wichtig

<u>Die Beste</u> war am Ende wieder Leonie.   gut

38

Adjektive werden immer großgeschrieben, wenn sie in Verbindung mit einem der Wörter **viel**, **wenig**, **etwas**, **nichts** oder **alles** auftreten.

1 Verbinde die passenden Satzteile.

Wir wünschen dir zum Geburtstag	nichts Neues.
Der Bericht im Fernsehen brachte leider	etwas Wichtiges.
Das letzte Klassenfest war wirklich	etwas Besonderes.
Der Lehrer erklärte uns am Ende noch	alles Gute.

2 Verwandle die Adjektive und ergänze diese Sätze sinnvoll.

Nach der Operation darf Mama nichts **Schweres** heben.

Daria durfte sich beim Einkaufen etwas **Hübsches** aussuchen.

In den Nachrichten ist nichts **Positives** zu hören.

Beim Umzug stellten wir alles **Alte** erstmal in den Keller.

Im Urlaub habe ich mit meiner Familie viel **Interessantes** erlebt.

positiv   hübsch   alt   interessant

39

Finde in jedem Satz ein verwandeltes Verb oder Adjektiv.
Unterstreiche die verwandelten **Verben** blau und die verwandelten **Adjektive** rot.
Schreibe das ursprüngliche Verb oder Adjektiv dazu.

Das <u>Betreten</u> der Sporthalle ist nur mit Turnschuhen erlaubt.   betreten

Vor dem <u>Schwimmen</u> sollte man nichts essen.   schwimmen

Ein altes Sprichwort lautet: Der <u>Klügere</u> gibt nach.   klug

Beim <u>Wandern</u> braucht man unbedingt feste Schuhe.   wandern

Es war so spät, dass wir erst im <u>Dunkeln</u> ankamen.   dunkel

Das <u>Drängeln</u> in der Warteschlange ist sehr unfreundlich.   drängeln

Meine Mutter wollte für alle etwas <u>Gutes</u> kochen.   gut

Auf der Baustelle ist es zum <u>Spielen</u> zu gefährlich.   spielen

Zu dem Fest wollte ich gerne etwas <u>Rotes</u> anziehen.   rot

Ich hoffe, dass beim nächsten Mal die <u>Blauen</u> gewinnen.   blau

40

Lösungen

29

Aus diesen Buchstaben kannst du viele Wörter bilden.

Viel Spaß!

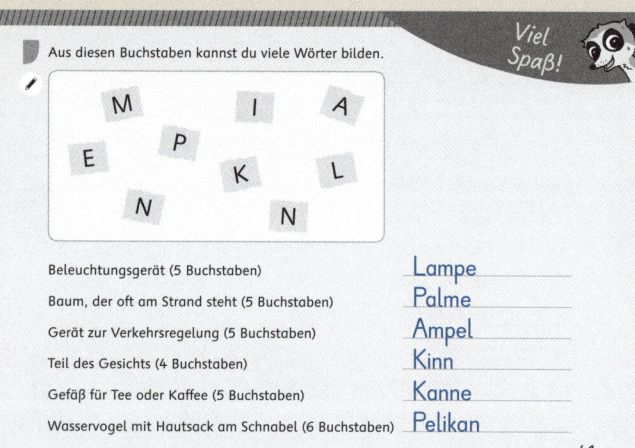

M I A
E P K L
N N

Beleuchtungsgerät (5 Buchstaben) — Lampe

Baum, der oft am Strand steht (5 Buchstaben) — Palme

Gerät zur Verkehrsregelung (5 Buchstaben) — Ampel

Teil des Gesichts (4 Buchstaben) — Kinn

Gefäß für Tee oder Kaffee (5 Buchstaben) — Kanne

Wasservogel mit Hautsack am Schnabel (6 Buchstaben) — Pelikan

41

Den **Anfang eines Satzes** schreibt man immer groß – egal, was für ein Wort es ist.

Schreibe die großen Anfangsbuchstaben an die Satzanfänge.

Martin kommt aus der Schule.

Er ist sauer, weil er seinen Fahrradschlüssel nicht gefunden hat.

Nun ist das Fahrrad nicht abgeschlossen.

Deswegen hat er es in den Keller getragen.

Dort ist es erst einmal in Sicherheit.

Aber wie soll er es morgen früh machen?

Martin erzählt alles seiner Mutter.

Sie beruhigt ihn.

„**I**ch habe doch noch einen zweiten Schlüssel", sagt sie.

Da ist Martin sehr erleichtert.

Bestimmt findet er morgen den Schlüssel wieder.

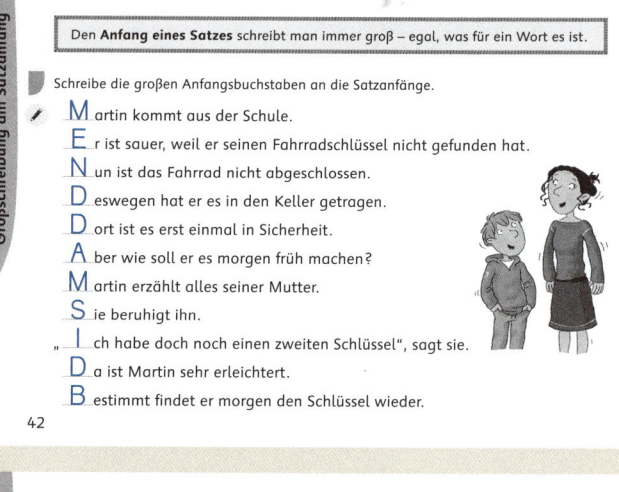

42

Außer dem **ersten Buchstaben im Satz** werden auch alle **Namen** und alle **Nomen** großgeschrieben.

Achtung, hier ist alles kleingeschrieben!

1 Unterstreiche alle Nomen und Eigennamen.
Schreibe am Satzanfang den richtigen Buchstaben dazu.

Zu den eskimos zählen die inuit, die in kanada und grönland leben, und noch weitere völker aus alaska und sibirien. **F**rüher lebten sie vom jagen und vom fischen. **S**ie waren immer auf der wanderschaft und blieben nur so lange an einem ort, wie sie dort robben, wale und rentiere jagen konnten. **F**ür diese zeit bauten sie sich ein iglu aus schneeblöcken. **W**enn sie weiterzogen, bauten sie sich wieder ein neues iglu. **H**eute leben fast alle eskimos in festen häusern mit heizung, strom und fernseher.

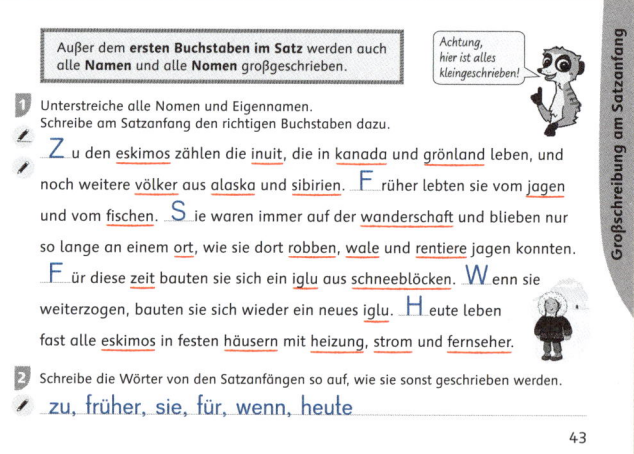

2 Schreibe die Wörter von den Satzanfängen so auf, wie sie sonst geschrieben werden.

zu, früher, sie, für, wenn, heute

43

Am **Ende eines Satzes** steht immer ein **Satzzeichen**: **Punkt, Fragezeichen** oder **Ausrufezeichen.**

Schreibe den großen Buchstaben an die Satzanfänge.
Setze am Ende die richtigen Satzzeichen: **.** oder **?** oder **!**

Corinna hat es eilig. Sie will sich mit ihrer Freundin Meike treffen und mit ihr zum Lauftraining auf den Sportplatz gehen.
Da klingelt das Telefon.

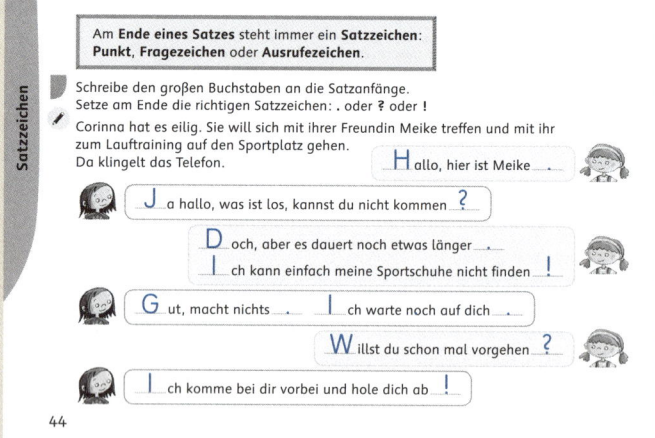

Hallo, hier ist Meike.

Ja hallo, was ist los, kannst du nicht kommen?

Doch, aber es dauert noch etwas länger.

Ich kann einfach meine Sportschuhe nicht finden!

Gut, macht nichts. **I**ch warte noch auf dich.

Willst du schon mal vorgehen?

Ich komme bei dir vorbei und hole dich ab!

44

30

Trenne in den Wörterschlangen alle Wörter ab.
Schreibe die Sätze richtig auf.
Schreibe am Satzanfang den richtigen Buchstaben dazu.

Denk an die Satzfänge
und die Namen und Nomen!

Anna und Max sind
mit ihren Fahrrädern
auf dem Schulhof.

Sie wollen dort
Bremswege und
Kurven üben.

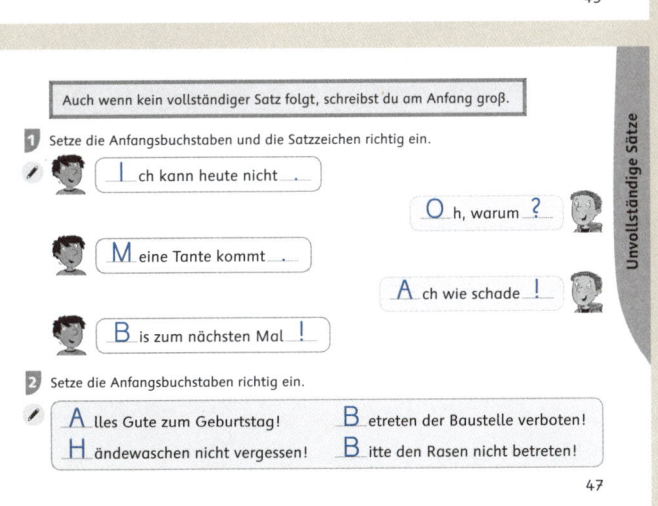

Sie haben sich eine
schwierige Strecke
aufgemalt.

45

1 Unterstreiche alle Wörter, die du großschreiben musst:
Satzanfänge blau, **Nomen** rot **und Eigennamen** gelb.

am letzten wochenende hat britta mit ihren eltern eine fahrradtour gemacht.
ihre beste freundin sarina durfte auch mitkommen. die strecke war ziemlich lang
und führte fast die ganze zeit am ufer eines großen sees entlang. am ende ging es
ziemlich steil bergauf. oben gab es dann einen schönen rastplatz mit einem
wunderbaren blick über die ganze gegend.

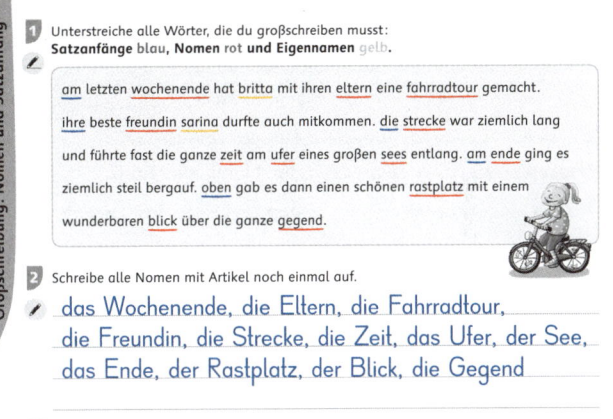

2 Schreibe alle Nomen mit Artikel noch einmal auf.

das Wochenende, die Eltern, die Fahrradtour,
die Freundin, die Strecke, die Zeit, das Ufer, der See,
das Ende, der Rastplatz, der Blick, die Gegend

46

Lösungen

Auch wenn kein vollständiger Satz folgt, schreibst du am Anfang groß.

1 Setze die Anfangsbuchstaben und die Satzzeichen richtig ein.

I ch kann heute nicht .

O h, warum ?

M eine Tante kommt .

A ch wie schade !

B is zum nächsten Mal !

2 Setze die Anfangsbuchstaben richtig ein.

A lles Gute zum Geburtstag!   B etreten der Baustelle verboten!
H ändewaschen nicht vergessen!   B itte den Rasen nicht betreten!

47

Ein Kennzeichen von Nomen ist, dass sie einen Artikel haben können.
Aber oft steht der Artikel nicht direkt vor dem Nomen.
Dann muss man überprüfen, ob er weiter entfernt steht.

Beispiel: Murat hat **eine** lange blaue **Hose** bekommen.   **eine Hose**

Unterstreiche in jedem Satz den Artikel und das Nomen.

Kathrin bestaunte den wundervollen farbenprächtigen sonnenuntergang.

Tibor wollte uns das schicke neue fahrrad zeigen.

Beate feierte einen fröhlichen ausgelassenen kindergeburtstag.

Lucas hat lange an einem sorgfältig gestalteten plakat gearbeitet.

Anni hat gestern die schon lange verlorene kette wiedergefunden.

Niklas wollte den ständigen ermüdenden streit gerne beenden.

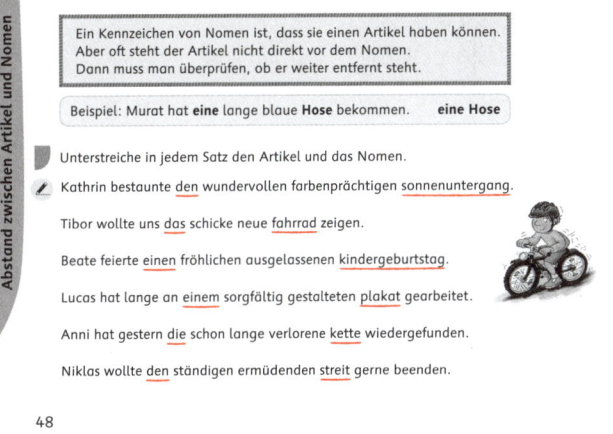

48

31

49

Manchmal steht der Artikel gar nicht im Satz.
Dann überlege, ob das Wort einen Artikel haben **kann**.

Beispiel: Für morgen ist wieder **Regen** angesagt. **der Regen**

Unterstreiche in jedem Satz zwei Nomen und schreibe sie mit Artikel auf.

Mein hund schläft immer in seinem korb.   der Hund, der Korb

Im gebirge gibt es oft gewitter.   das Gebirge, das Gewitter

Im flur steht unser aquarium.   der Flur, das Aquarium

In meinem rucksack ist kein platz mehr.   der Rucksack, der Platz

Im park sieht man sehr viele tauben.   der Park, die Tauben

Unser auto braucht neue reifen.   das Auto, die Reifen

50

Schreibe die Sätze richtig auf.
Setze auch das richtige Satzzeichen.

habt ihr gestern kastanien gesammelt

Habt ihr gestern Kastanien gesammelt?

lass uns doch ein bisschen fahrrad fahren

Lass uns doch ein bisschen Fahrrad fahren!

ich würde gerne eis essen gehen

Ich würde gerne Eis essen gehen.

kerstin muss heute noch mathe üben

Kerstin muss heute noch Mathe üben.

fatma will immer nur ihre bücher lesen

Fatma will immer nur ihre Bücher lesen.

eric und yannick sind gute freunde

Eric und Yannick sind gute Freunde.

51

1 Kreise in jeder Zeile drei Nomen ein.

FRECH • FRECHHEIT • GEDULD • KALT • KÄLTE

WAL • WILL • WÄHLER • SCHNEIDER • GESCHNITTEN

SPITZE • SPITZ • GESPRITZT • KÖCHIN • KOCH

ERLEBNIS • LEBENDIG • SICHER • SICHERHEIT • SICHERUNG

SCHNELL • TEMPO • SCHNELLIGKEIT • ANKUNFT • KOMMT

2 Schreibe die eingekreisten Wörter mit ihrem Artikel noch einmal auf.

die Frechheit, die Geduld, die Kälte, der Wal,
der Wähler, der Schneider, die Spitze, die Köchin,
der Koch, das Erlebnis, die Sicherheit, die Sicherung,
das Tempo, die Schnelligkeit, die Ankunft

52

Setze in die Textlücken passende Wörter ein.

Denk daran, alle Nomen großzuschreiben!

Christoph Kolumbus war ein italienischer Seefahrer. Er wollte
herausfinden, ob man von Europa aus mit einem Schiff
nach Indien fahren kann. Er startete im Jahr 1492 mit drei Schiffen
in Spanien und fuhr immer Richtung Westen. Schließlich landeten
sie auf einer Insel der Bahamas. Kolumbus dachte, sie hätten den
Weg nach Indien entdeckt. Daher nannte er die Einwohner dort
„Indianer". Erst ein anderer Seefahrer namens Amerigo Vespucci erkannte,
dass es ein bisher unbekannter Kontinent war. Nach ihm wurde
der Kontinent „Amerika" benannt.

dachte   westen   unbekannter   entdeckt
startete   herausfinden   schiff   benannt

32

53

1 Kreuze richtig an.

Daran kann man Nomen erkennen:

Sie können einen Artikel haben.	☒ stimmt	☐ stimmt nicht
Sie können immer eine Mehrzahl haben.	☐ stimmt	☒ stimmt nicht
In der Mehrzahl ist der Artikel immer „die".	☒ stimmt	☐ stimmt nicht
Man kann sie immer sehen oder anfassen.	☐ stimmt	☒ stimmt nicht

2 Trenne die Wörter ab und kreise alle Nomen ein.

A B E R | TAG | R E I S | M E I N | WAHL | KELLER | B A L D |
FREUDE | S C H O N | SCHRECK | WORT | N E B E N |

3 Schreibe zu diesen Nomen die Mehrzahl.

der Teller – **die Teller**   die Änderung – **die Änderungen**

der Sturm – **die Stürme**   das Geheimnis – **die Geheimnisse**

54

1 Kreuze richtig an.

Wörter aus anderen Wortarten können sich in Nomen verwandeln.
☒ stimmt   ☐ stimmt nicht

In Nomen verwandelte Wörter haben auch einen Artikel.
☒ stimmt   ☐ stimmt nicht

In Nomen verwandelte andere Wörter schreibt man auch groß.
☒ stimmt   ☐ stimmt nicht

2 Unterstreiche in den Sätzen das verwandelte Wort und schreibe es in seiner ursprünglichen Form daneben.

Das Schwimmen in der Halle macht mir Spaß.	**schwimmen**
Der Kleine von nebenan kann jetzt laufen.	**klein**
Das ständige Reden geht mir auf die Nerven.	**reden**
Beim Wandern bekommt man viel frische Luft.	**wandern**
Die Bärenmutter bewacht ihr Junges gut.	**jung**
In den Nachrichten kam eigentlich nichts Neues.	**neu**

55

1 Kreuze richtig an.

Am Anfang eines Satzes schreibt man immer groß.
☒ stimmt   ☐ stimmt nicht

Am Anfang eines Satzes schreibt man nur Nomen groß.
☐ stimmt   ☒ stimmt nicht

Am Ende eines vollständigen Satzes steht immer ein Satzzeichen.
☒ stimmt   ☐ stimmt nicht

Am Ende eines unvollständigen Satzes kann auch ein Satzzeichen stehen.
☒ stimmt   ☐ stimmt nicht

2 Setze die richtigen Anfangsbuchstaben und Satzzeichen ein.

Anna und **M**ax sind im **G**arten **.** **S**ie haben ein kleines

Boot aus **H**olz gebaut **.** **N**un wollen sie es anmalen **.**

Aber wo sind nur die Farben **?**

56

1 Kreuze richtig an.

Zu jedem Nomen gehört immer ein Artikel.
☒ stimmt   ☐ stimmt nicht

Der Artikel steht immer direkt vor dem Nomen.
☐ stimmt   ☒ stimmt nicht

Der Artikel steht nicht immer im Satz.
☒ stimmt   ☐ stimmt nicht

2 Unterstreiche in den Sätzen alle Wörter, die großgeschrieben werden müssen. Schreibe die Sätze noch einmal richtig auf.

wann gibt es denn endlich ferien
Wann gibt es denn endlich Ferien?

gib mir zum tee bitte mal den zucker
Gib mir zum Tee bitte mal den Zucker!

ich habe einen besonders interessanten film gesehen
Ich habe einen besonders interessanten Film gesehen.

Immer vier Kärtchen gehören zusammen.
Male sie mit derselben Farbe an.

Aus einem Verb kann ein Nomen werden.

Wir **schwimmen** im Sportunterricht. schwimmen ist ein **Verb**.
Das Schwimmen macht mir Spaß. schwimmen hat sich in ein **Nomen** verwandelt.
Du erkennst es am Artikel **das**.
Es wird nun **großgeschrieben**.

Verwandle die Verben in Nomen und schreibe sie
richtig in die Sätze.

Unterstreiche den großen Anfangsbuchstaben.

Oh, da muss man gut aufpassen!

laufen

baden

putzen

singen

suchen

rechnen

Das _____ im Chor finde ich schön.

Das _____ auf dem Sportplatz ist anstrengend.

Das _____ in Teichen ist oft nicht erlaubt.

Das _____ von Sachaufgaben ist manchmal schwer.

Das _____ der Zähne ist sehr wichtig.

Das _____ von Puzzleteilen dauert oft lange.

Der Artikel versteckt sich manchmal in anderen Wörtern:
im, **beim**, **vom** oder **zum**.

Du weißt ja, nach einem Artikel musst du auch Verben großschreiben.

Entscheide, ob du die Verben im Text groß- oder kleinschreiben musst. Trage den Anfangsbuchstaben ein. Zur Hilfe findest du die Reihenfolge der Verben unten.

Das ____katen wollen viele Kinder ____ernen. Im ____rehen und ____pringen

sind manche Jugendliche schon echte Meister. Zum ____ernen verwendet man

zunächst ein flaches Board. Darauf übt man, den richtigen Gang einzulegen,

um das ____tehen und ____ahren auf dem Brett zu ____rainieren. Beim

____katen muss man eine Schutzausrüstung ____ragen. Für das ____rehen

braucht man viel Übung. Damit sollte ein Anfänger noch ____arten.

Vom ____eobachten der Könner auf Videos bis zum häufigen ____ben

gehört vieles dazu, um sich immer weiter zu ____erbessern.

SKATEN LERNEN DREHEN SPRINGEN LERNEN STEHEN FAHREN TRAINIEREN
SKATEN TRAGEN DREHEN WARTEN BEOBACHTEN ÜBEN VERBESSERN

Zwischen dem Artikel und dem verwandelten Verb kann auch noch ein Adjektiv stehen.

Achte auf den großen Anfangsbuchstaben!

Verwandle die Verben und schreibe sie richtig in die passenden Sätze.

Pedro hat für sein Wochentagebuch aufgeschrieben, was er letzte Woche gut fand und was ihm nicht gefallen hat.

Diese Dinge fand er nicht gut:

aufstehen

aufräumen

weinen

warten

das frühe _____ an den Schultagen

das ewige _____ nach dem Spielen

das lange _____ an der Kinokasse

das laute _____ seiner kleinen Schwester

Diese Dinge fand er gut:

segeln

singen

lesen

üben

das schnelle _____ bei viel Wind

das laute _____ der Fans im Stadion

das heimliche _____ abends im Bett

das lange _____ neuer Skateboard-Tricks

37

Auch aus einem Adjektiv kann ein Nomen werden.

Das schönste Bild bekam einen Preis.　　　schönste ist ein **Adjektiv**.
Das Schönste heute war der Besuch von Oma.　　schönste hat sich in ein **Nomen** verwandelt.

Du erkennst es am Artikel. Es wird nun **großgeschrieben**.

Unterstreiche in jedem Satz das verwandelte Adjektiv und seinen Artikel.

Schreibe das ursprüngliche Adjektiv dazu.

Das geht genau wie bei den Verben!

Letzte Woche war in unserer Schule ein Sportfest. Alles lief so ab wie letztes Jahr:

Die Kleinsten durften ganz vorne laufen.　　　klein

Der Schnellste bekam natürlich eine Medaille.

Das Schwerste war für mich der Weitsprung.

Aber das Wichtigste war, es trotzdem zu versuchen.

Die Beste war am Ende wieder Leonie.

Adjektive werden immer großgeschrieben, wenn sie in Verbindung mit einem der Wörter **viel**, **wenig**, **etwas**, **nichts** oder **alles** auftreten.

1 Verbinde die passenden Satzteile.

Wir wünschen dir zum Geburtstag	nichts Neues.
Der Bericht im Fernsehen brachte leider	etwas Wichtiges.
Das letzte Klassenfest war wirklich	etwas Besonderes.
Der Lehrer erklärte uns am Ende noch	alles Gute.

2 Verwandle die Adjektive und ergänze diese Sätze sinnvoll.

Nach der Operation darf Mama nichts _Schweres_ heben.

Daria durfte sich beim Einkaufen etwas _____ aussuchen.

In den Nachrichten ist nichts _____ zu hören.

Beim Umzug stellten wir alles _____ erstmal in den Keller.

Im Urlaub habe ich mit meiner Familie viel _____ erlebt.

positiv   hübsch   alt   interessant

Finde in jedem Satz ein verwandeltes Verb oder Adjektiv.
Unterstreiche die verwandelten **Verben blau** und die verwandelten **Adjektive rot**.
Schreibe das ursprüngliche Verb oder Adjektiv dazu.

Das Betreten der Sporthalle ist nur mit Turnschuhen erlaubt. _____

Vor dem Schwimmen sollte man nichts essen. _____

Ein altes Sprichwort lautet: Der Klügere gibt nach. _____

Beim Wandern braucht man unbedingt feste Schuhe. _____

Es war so spät, dass wir erst im Dunkeln ankamen. _____

Das Drängeln in der Warteschlange ist sehr unfreundlich. _____

Meine Mutter wollte für alle etwas Gutes kochen. _____

Auf der Baustelle ist es zum Spielen zu gefährlich. _____

Zu dem Fest wollte ich gerne etwas Rotes anziehen. _____

Ich hoffe, dass beim nächsten Mal die Blauen gewinnen. _____

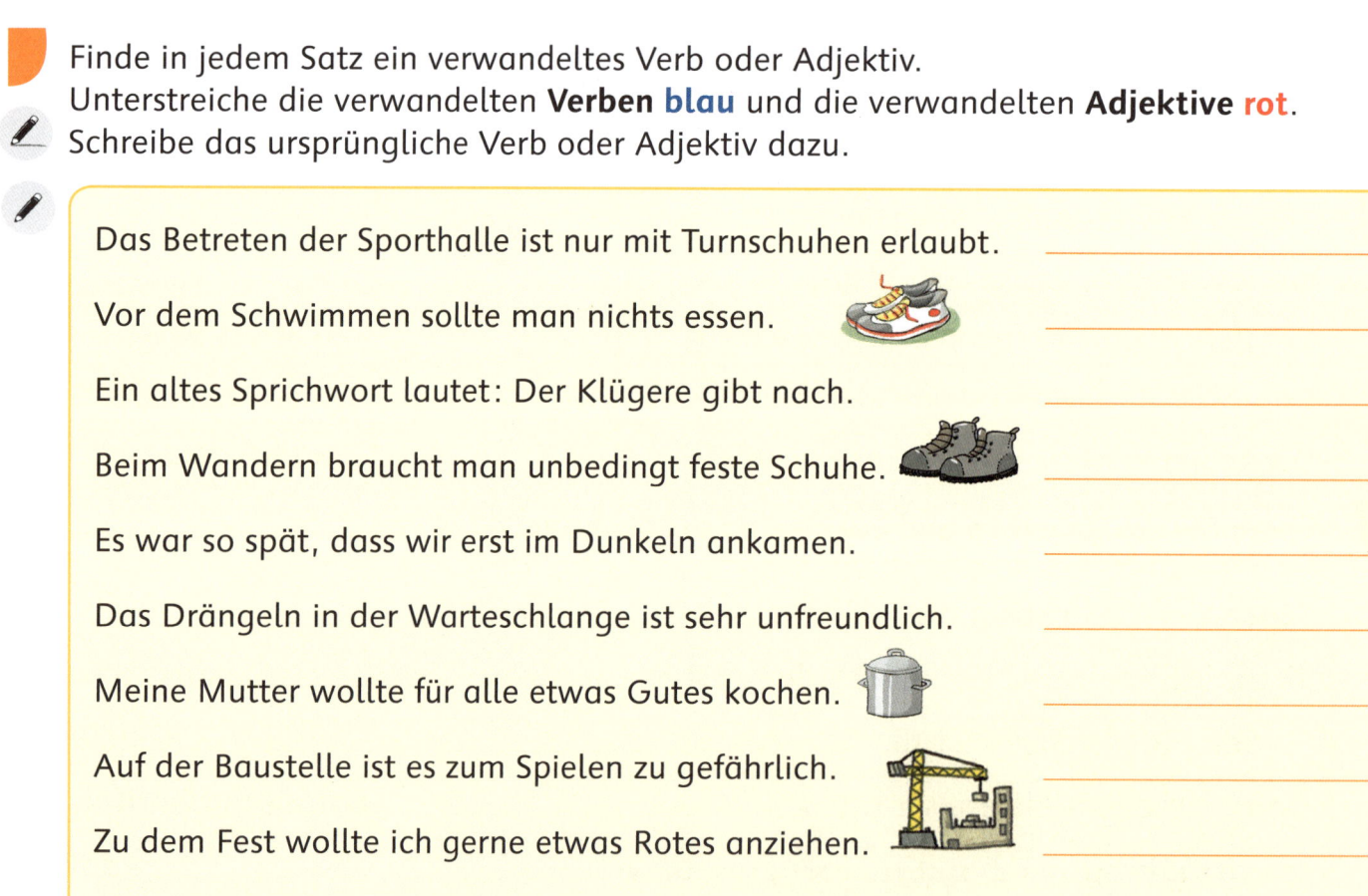

Aus diesen Buchstaben kannst du viele Wörter bilden.

Beleuchtungsgerät (5 Buchstaben) _____

Baum, der oft am Strand steht (5 Buchstaben) _____

Gerät zur Verkehrsregelung (5 Buchstaben) _____

Teil des Gesichts (4 Buchstaben) _____

Gefäß für Tee oder Kaffee (5 Buchstaben) _____

Wasservogel mit Hautsack am Schnabel (6 Buchstaben) _____

Den **Anfang eines Satzes** schreibt man immer groß – egal, was für ein Wort es ist.

Schreibe die großen Anfangsbuchstaben an die Satzanfänge.

_____artin kommt aus der Schule.

_____r ist sauer, weil er seinen Fahrradschlüssel nicht gefunden hat.

_____un ist das Fahrrad nicht abgeschlossen.

_____eswegen hat er es in den Keller getragen.

_____ort ist es erst einmal in Sicherheit.

_____ber wie soll er es morgen früh machen?

_____artin erzählt alles seiner Mutter.

_____ie beruhigt ihn.

„_____ch habe doch noch einen zweiten Schlüssel", sagt sie.

_____a ist Martin sehr erleichtert.

_____estimmt findet er morgen den Schlüssel wieder.

> Außer dem **ersten Buchstaben im Satz** werden auch alle **Namen** und alle **Nomen** großgeschrieben.

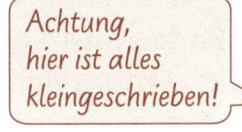

Achtung, hier ist alles kleingeschrieben!

1 Unterstreiche alle Nomen und Eigennamen.
Schreibe am Satzanfang den richtigen Buchstaben dazu.

_____u den eskimos zählen die inuit, die in kanada und grönland leben, und

noch weitere völker aus alaska und sibirien. _____rüher lebten sie vom jagen

und vom fischen. _____ie waren immer auf der wanderschaft und blieben nur

so lange an einem ort, wie sie dort robben, wale und rentiere jagen konnten.

_____ür diese zeit bauten sie sich ein iglu aus schneeblöcken. _____enn sie

weiterzogen, bauten sie sich wieder ein neues iglu. _____eute leben

fast alle eskimos in festen häusern mit heizung, strom und fernseher.

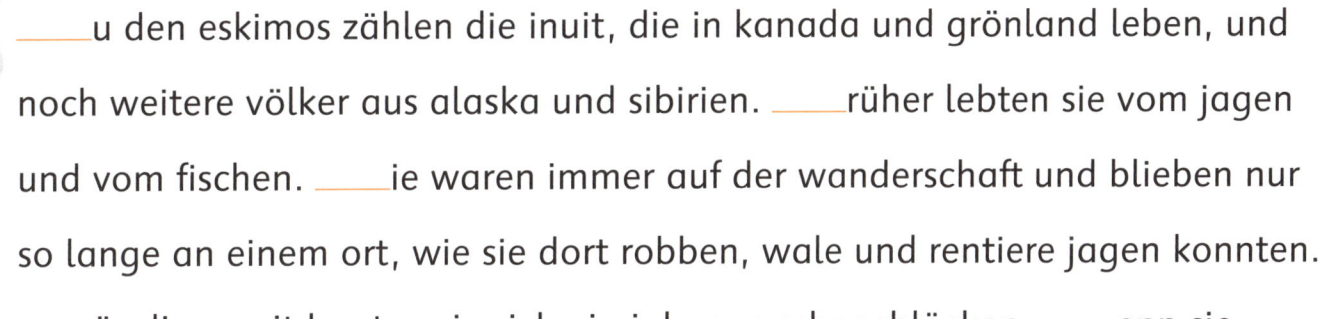

2 Schreibe die Wörter von den Satzanfängen so auf, wie sie sonst geschrieben werden.

_____

43

Am **Ende eines Satzes** steht immer ein **Satzzeichen**: **Punkt**, **Fragezeichen** oder **Ausrufezeichen**.

Schreibe den großen Buchstaben an die Satzanfänge.
Setze am Ende die richtigen Satzzeichen: **.** oder **?** oder **!**

Corinna hat es eilig. Sie will sich mit ihrer Freundin Meike treffen und mit ihr zum Lauftraining auf den Sportplatz gehen.
Da klingelt das Telefon.

_____allo, hier ist Meike_____

_____a hallo, was ist los, kannst du nicht kommen_____

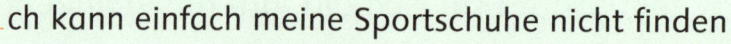

_____och, aber es dauert noch etwas länger_____

_____ch kann einfach meine Sportschuhe nicht finden_____

_____ut, macht nichts_____ _____ch warte noch auf dich_____

_____illst du schon mal vorgehen_____

_____ch komme bei dir vorbei und hole dich ab_____

Trenne in den Wörterschlangen alle Wörter ab.
Schreibe die Sätze richtig auf.
Schreibe am Satzanfang den richtigen Buchstaben dazu.

Denk an die Satzanfänge
und die Namen und Nomen!

annaundmaxsindmitihrenfahrrädernaufdemschulhof

_____

_____

_____

_____

siewollendortbremswegeundkurvenüben

siehabensicheineschwierigestreckeaufgemalt

_____

_____

_____

45

1 Unterstreiche alle Wörter, die du großschreiben musst:
Satzanfänge blau, Nomen rot und Eigennamen gelb.

am letzten wochenende hat britta mit ihren eltern eine fahrradtour gemacht.

ihre beste freundin sarina durfte auch mitkommen. die strecke war ziemlich lang

und führte fast die ganze zeit am ufer eines großen sees entlang. am ende ging es

ziemlich steil bergauf. oben gab es dann einen schönen rastplatz mit einem

wunderbaren blick über die ganze gegend.

2 Schreibe alle Nomen mit Artikel noch einmal auf.

Auch wenn kein vollständiger Satz folgt, schreibst du am Anfang groß.

1 Setze die Anfangsbuchstaben und die Satzzeichen richtig ein.

_____ch kann heute nicht_____

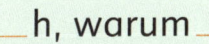_____h, warum_____

_____eine Tante kommt_____

_____ch wie schade_____

_____is zum nächsten Mal_____

2 Setze die Anfangsbuchstaben richtig ein.

_____lles Gute zum Geburtstag!   _____etreten der Baustelle verboten!

_____ändewaschen nicht vergessen!   _____itte den Rasen nicht betreten!

Ein Kennzeichen von Nomen ist, dass sie einen Artikel haben können.
Aber oft steht der Artikel nicht direkt vor dem Nomen.
Dann muss man überprüfen, ob er weiter entfernt steht.

Beispiel: Murat hat **eine** lange blaue **Hose** bekommen.   **eine Hose**

Unterstreiche in jedem Satz den Artikel und das Nomen.

Kathrin bestaunte den wundervollen farbenprächtigen sonnenuntergang.

Tibor wollte uns das schicke neue fahrrad zeigen.

Beate feierte einen fröhlichen ausgelassenen kindergeburtstag.

Lucas hat lange an einem sorgfältig gestalteten plakat gearbeitet.

Anni hat gestern die schon lange verlorene kette wiedergefunden.

Niklas wollte den ständigen ermüdenden streit gerne beenden.

Manchmal steht der Artikel gar nicht im Satz.
Dann überlege, ob das Wort einen Artikel haben **kann**.

Beispiel: Für morgen ist wieder **Regen** angesagt. **der Regen**

Unterstreiche in jedem Satz zwei Nomen und schreibe sie mit Artikel auf.

Mein hund schläft immer in seinem korb. _____

Im gebirge gibt es oft gewitter. _____

Im flur steht unser aquarium. _____

In meinem rucksack ist kein platz mehr. _____

Im park sieht man sehr viele tauben. _____

Unser auto braucht neue reifen. _____

Schreibe die Sätze richtig auf.
Setze auch das richtige Satzzeichen.

habt ihr gestern kastanien gesammelt

_____

lass uns doch ein bisschen fahrrad fahren

_____

ich würde gerne eis essen gehen

_____

kerstin muss heute noch mathe üben

_____

fatma will immer nur ihre bücher lesen

_____

eric und yannick sind gute freunde

_____

1 Kreise in jeder Zeile drei Nomen ein.

FRECH ◆ FRECHHEIT ◆ GEDULD ◆ KALT ◆ KÄLTE

WAL ◆ WILL ◆ WÄHLER ◆ SCHNEIDER ◆ GESCHNITTEN

SPITZE ◆ SPITZ ◆ GESPRITZT ◆ KÖCHIN ◆ KOCH

ERLEBNIS ◆ LEBENDIG ◆ SICHER ◆ SICHERHEIT ◆ SICHERUNG

SCHNELL ◆ TEMPO ◆ SCHNELLIGKEIT ◆ ANKUNFT ◆ KOMMT

2 Schreibe die eingekreisten Wörter mit ihrem Artikel noch einmal auf.

Setze in die Textlücken passende Wörter ein.

Denk daran, alle Nomen großzuschreiben!

Christoph Kolumbus war ein italienischer Seefahrer. Er wollte

_____, ob man von Europa aus mit einem _____

nach Indien fahren kann. Er _____ im Jahr 1492 mit drei Schiffen

in Spanien und fuhr immer Richtung _____. Schließlich landeten

sie auf einer Insel der Bahamas. Kolumbus _____, sie hätten den

Weg nach Indien _____. Daher nannte er die Einwohner dort

„Indianer". Erst ein anderer Seefahrer namens Amerigo Vespucci erkannte,

dass es ein bisher _____ Kontinent war. Nach ihm wurde

der Kontinent „Amerika" _____.

dachte   westen   unbekannter   entdeckt

startete   herausfinden   schiff   benannt

1 Kreuze richtig an.

Daran kann man Nomen erkennen:

Sie können einen Artikel haben.	◯ stimmt	◯ stimmt nicht
Sie können immer eine Mehrzahl haben.	◯ stimmt	◯ stimmt nicht
In der Mehrzahl ist der Artikel immer „die".	◯ stimmt	◯ stimmt nicht
Man kann sie immer sehen oder anfassen.	◯ stimmt	◯ stimmt nicht

2 Trenne die Wörter ab und kreise alle Nomen ein.

A B E R T A G R E I S M E I N W A H L K E L L E R B A L D
F R E U D E S C H O N S C H R E C K W O R T N E B E N

3 Schreibe zu diesen Nomen die Mehrzahl.

der Teller – _____

der Sturm – _____

die Änderung – _____

das Geheimnis – _____

1 Kreuze richtig an.

Wörter aus anderen Wortarten können sich in Nomen verwandeln.
◯ stimmt   ◯ stimmt nicht

In Nomen verwandelte Wörter haben auch einen Artikel.
◯ stimmt   ◯ stimmt nicht

In Nomen verwandelte andere Wörter schreibt man auch groß.
◯ stimmt   ◯ stimmt nicht

2 Unterstreiche in den Sätzen das verwandelte Wort und schreibe es in seiner ursprünglichen Form daneben.

Das Schwimmen in der Halle macht mir Spaß. _____

Der Kleine von nebenan kann jetzt laufen. _____

Das ständige Reden geht mir auf die Nerven. _____

Beim Wandern bekommt man viel frische Luft. _____

Die Bärenmutter bewacht ihr Junges gut. _____

In den Nachrichten kam eigentlich nichts Neues. _____

54

1 Kreuze richtig an.

Am Anfang eines Satzes schreibt man immer groß.
◯ stimmt   ◯ stimmt nicht

Am Anfang eines Satzes schreibt man nur Nomen groß.
◯ stimmt   ◯ stimmt nicht

Am Ende eines vollständigen Satzes steht immer ein Satzzeichen.
◯ stimmt   ◯ stimmt nicht

Am Ende eines unvollständigen Satzes kann auch ein Satzzeichen stehen.
◯ stimmt   ◯ stimmt nicht

2 Setze die richtigen Anfangsbuchstaben und Satzzeichen ein.

_____nna und _____ax sind im _____arten_____ _____ie haben ein kleines

_____oot aus _____olz gebaut_____ _____un wollen sie es anmalen_____

_____ber wo sind nur die Farben_____

1 Kreuze richtig an.

Zu jedem Nomen gehört immer ein Artikel.
◯ stimmt   ◯ stimmt nicht

Der Artikel steht immer direkt vor dem Nomen.
◯ stimmt   ◯ stimmt nicht

Der Artikel steht nicht immer im Satz.
◯ stimmt   ◯ stimmt nicht

2 Unterstreiche in den Sätzen alle Wörter, die großgeschrieben werden müssen.
Schreibe die Sätze noch einmal richtig auf.

wann gibt es denn endlich ferien

gib mir zum tee bitte mal den zucker

ich habe einen besonders interessanten film gesehen